Huellas tras la lluvia

Germán Rizo

Poesía

Espiral publishing

Espiral publishing

Huellas tras la lluvia

Germán Rizo

Índice

Poesía cercana a la realidad del amor

En *Huellas tras la lluvia* encontramos esos mundos de la poesía tan frecuentados: amor y desamor, tiempo y vida, dolor y muerte. La poesía con sus tramos de luz y sombra, con sus dolores o sus felicidades. La preeminencia del yo para acompañar esa abstracción introspectiva del que escribe, y donde no faltará el tono angustioso o melancólico de quien está herido y se expone, de quien encuentra en las palabras ese impulso para llegar a la trascendencia o para alcanzar la plenitud anhelada. De Germán he dicho en prólogos anteriores que encontramos ese diálogo donde la poesía es una eternidad inexplicable y única, donde el poeta celebra y se descubre. La poesía que intenta descifrar la vida que nos interesa, nos interesa el asombro de esa mirada, la pulsación auténtica que recoge el acontecer, que nos enfrenta a nosotros mismos y a nuestra verdad. La poesía guarda toda esa energía necesaria para revelar el mundo, y revelarnos, y así como describe la belleza, también revelará ese dolor nuestro de cada día.

Para Germán la poesía es el merecimiento de los seres que no se dan por vencidos, que jamás renuncian. Escribe poesía porque quiere tener otra visión de la realidad y de la existencia y porque le da esa libertad íntima, esencial, conciliadora. Escribe para olvidar el horror, tanta catástrofe cotidiana, el abandono que hiere y las distancias. La poesía es el reino de la permanencia, encontraremos siempre en ella amor, aunque hable de la muerte y nos enfrente a la ausencia y a toda esa miseria que es la vida como la conocemos hoy.

La poesía que nos acerca a la realidad del amor siempre nos motiva. Porque no hay desgracia peor que no saber amar. Ni infierno peor que vivir ignorando este sentimiento. *"Supe que ser amado no es nada, que amar, sin embargo, lo es todo"*.Para Herman Hesse, lo que importa es amar, ni siquiera importa el hecho de ser amado. Para muchos, el problema del amor consiste fundamentalmente en ser amado, y no en amar, no se centran en la propia capacidad de amar. Sentir el amor para Germán Rizo es el privilegio que le permite escribir, es un camino, el mejor que encuentra para narrar su experiencia poética. Como si calara hondamente en él, aquella frase de San Juan de la Cruz: *Donde no hay amor, poned amor y encontraréis amor.* Esta es la intención que quiere materializar en este libro. Poner amor para encontrarlo en todas partes, para que sume nuestra vida, para que duela menos la existencia. Proponer para hallar, dar, siempre dar, para encontrar. Si para Octavio Paz el amor era juego y era una creación perpetua, un estado de reunión y participación abierta, para este poeta también mexicano, el amor lo explica todo o casi todo, es la chispa redentora, la motivación que encuentra para resistir y continuar. *Huellas* busca unir la poesía a la feroz realidad del amor. Aquí la poesía construye su paraíso alejado de la muerte, no hay límites en él, se extenderá más allá del lenguaje y del tiempo creado.

La lluvia es la sombra de anoche —nos dice—, y con estos versos de apertura nos condiciona. La *lluvia es el ruido de siempre...Hay un pedazo de lluvia sobre las siluetas /un latido cayendo hasta el llanto.* De latidos y presencias, de nostalgias, de muchas nostalgias y demasiada lluvia van llenos estos versos. La lluvia siempre estará en la poesía de Germán como un elemento legible, el agua retornando siempre a sus poemas, el agua con todas sus connotaciones, el leve tránsito del agua, que es movimiento, empuje, fuerza, vida. Y hay lluvias y hay silencios y hay siempre esa necesidad de comunión, como si el poeta pretendiera que esas imágenes salvadas del paisaje lo llevarán a recuperar la realidad amorosa. El amor que se oculta, el inalcanzable amor.

Hay soledades en la lluvia
silencios destejiendo lunas
en el barro.

Hay súplicas
un estruendo de amor
la sangre enjaulada
haciendo signos en la oscuridad.

Hay un enjambre renacido
en lo siniestro
una promesa enfurecida
un rostro sitiado
el arrebato infernal
hurgando en las miradas.

En *Huellas* encontramos la expresión del amor como la fuerza vivificante. El poeta insiste en sus vivencias, estará fijando nostalgias, reedificando su mundo, plasmando abrumadoramente la soledad íntima, el desamparo del hombre. En esta lírica de desahogo y de ahondamientos, se vuelve un motivo reiterado el ansia de encontrar la felicidad, la entrañable compañía de un cuerpo. Para el poeta, el amor es la prueba viva de la inmortalidad, por eso prosigue en esa búsqueda febril interminable. *El amor lo aprendimos a oscuras*—nos dice—, *y aprendimos a recorrer el fervor hechizado simulando despedidas...*

Amamos lo que no conocemos, lo ya perdido —diría Borges—; pero ¿podemos amar lo que nos ignora? Podemos, parece decirnos el que escribe, quien, aunque reconoce la fuerza unitiva del amor real, también sabe que el amor es ausencia, inmovilidad, silencio, un absurdo. El signo de la conciencia del imposible atormentará al poeta, en estas páginas escuchamos ese desaliento enmascarado, el miedo que alberga en sus circunstancias inmediatas, la resignación angustiosa de quien acepta lo que pudo haber sido y nunca fue. Amar es aquí un absoluto, la palabra reveladora estará más allá de los conflictos esenciales del hombre, encontraremos esa lucha entre el yo y la realidad, el yo en diálogo con la vida en esos momentos de incertidumbre esencial, de adentramiento hacia sí mismo. Los poemas de este libro insisten en las mismas emociones y sensaciones de sus libros anteriores. Toda su obra refleja con total claridad las preocupaciones, la angustia existencial, el diálogo amoroso, sus versos son testimonio de una verdad, recogen la expectación anhelante, la urgencia por encontrar ese algo que no alcanza, ese alguien que siempre está yéndose. Grito, anhelo, desesperación, impregnan las palabras que conforman este volumen. Sensualidad y erotismo acompañan esa conjunción naturaleza-mujer que serán los temas centrales de la poesía de Germán. Versos donde sentimos algunas resonancias de la poesía de Neruda, algunas similitudes con la poesía de Paul Eluard o del propio Huidobro. La devoción a esa deidad terrenal subyugante donde se recluye, —gustoso y complacido— porque le otorga renovadas fuerzas y la energía necesaria para afrontar los desafíos de la cotidianidad.

Escribe para ese alguien que sospecha estará leyéndolo, y seguirá en el ardor de sus confesiones: *Silénciame y destaza esta muerte /su discurso extraviado /armonía nacida sobre la ceguera de un pájaro... Arroja palabras a la ansiedad... Y zumbas /tacto doliente del amor. /Desolada en la luz que levanta la mísera tarde.*

Huellas nos habla de una identidad desconocida, —desconocida para el lector— una presencia que viene con la lluvia, o es evocada por ella. Una mujer que deslumbra entre soles, que se sublima en el verso como si no existiera, la mujer como: *impasible luciérnaga abriendo las cuerdas del caos...Torre sosteniendo la agonía de la luz...* Toda su poesía se vuelve un canto de veneración a esa mujer cuya identidad no revela del todo. La mujer enigma, la mujer sin nombre, la mujer silencio, hija de la noche, cuyo cuerpo es tierra y cielo; pero es también un *aire escondido en el vuelo de las gaviotas,* la Eva figurativa: *carne de mi carne y hueso de mis huesos...* o la hermana, novia mía sin defecto, de *El Cantar de los cantares.* La mujer tormentosa, donde se funde caos y ternura, y en cuyos ojos se puede ver el mundo. Es polisémica, plural y diversa en sus evocaciones o invocaciones donde pueden vivir todas las mujeres de la poesía, todo ese *pueblo de mujeres*: las que escriben, las que lee, las que admira, esas voces vivas que le sirven de motivación y que encuentra en la literatura... Alejandra, Sylvia, Emily, Rosario, Istarú, Clariondentre, Olga Orozco, Edith Sodergran, entre otras, muchas otras.

Que acertadamente diría Juan Gelman: *"porque el amor es una cosa y la palabra amor es otra cosa/ y sólo el alma sabe dónde las dos se encuentran...pero el alma qué puede explicar...* Los poetas sienten a veces que se le vuelve incomunicable el sentimiento, que las palabras no alcanzan para expresarlo. Algunos insisten en la naturaleza frágil que puede tener, en las significaciones que conlleva para el alma sentirlo a profundidad y sentir entonces la desesperanza de la incomunicación. Aquí escuchamos el arrullo sereno de esta poesía, que va también llena de asombro y deslumbramiento... *Adorno la soledad /que se adelgaza en el grito y la quietud de los pájaros.../Enciendo la oscuridad /las raíces que nadie silencia/ el aroma ignorado en el papel. /Aún las sombras son mías /reconozco las llamas que hieren el llanto.*

Cuando producimos poesía decía Gottlfried Benn: *"No se observa solo la poesía, sino también uno mismo"*. En estas páginas el autor nos declara su propio pensamiento; pero también estará contenida la resignación del que escribe y su actitud reflexiva. Contemplar, contemplarse supone más que una definición de soledad en este libro. La poesía que respira aquí va más allá del poeta y sus carencias. *Cicatrices en mi sangre /fluyen por este cuerpo huérfano /deshojando el quejido cotidiano...Me despoja la lluvia /el ruido que carcome los frutos hilados del hambre...* En la poesía de Rizo siempre estará la evocación latente, el recuerdo que lastima: *Todo se disfraza de huellas, /estremece lo trágico de las despedidas.* Hay momentos en que el poeta no parece reponerse a un profundo pesimismo: *Sobre este papel /un tajo enmudece las palabras /entre tonos suicidas...* Porque hay cosas de las que no te salvas, de las que no puedes escapar, ni siquiera en la poesía, hay cosas que siempre van a rondarte como un lazo corredizo, o como un hacha afilada. Hay cosas de las que no puedes escapar, como tampoco de esas palabras que vienen por ti y siempre te encuentran. Hay que indagar la vida, frecuentar el alma con esas visitaciones de la belleza, o con esas exaltaciones del espíritu.

Esta noche mis manos inventan el vicio de la última ronda /descubro la sombra que tizna /entre escombros el polvo del poema.

Poesía clara, vigorosa, esencial que lleva en la imagen su fuerza avasalladora: *No hay pañuelos /para secar tanta oscuridad /mientras pronuncio una lágrima /las piedras ordenan esta monotonía de pasiones indómitas.* Confesar, confesarse, siempre estarán esas líneas que nos revelan el mundo de sensaciones y búsquedas del poeta. Asombran la sutileza en que discurren algunas imágenes, sin estridencias, sin afeites superfluos. El drama sin cursilerías: *Morir /para llegar al silencio de Dios /a la deformidad de su esperanza.* Con limpidez escribe versos que van cargados de una tristísima ironía: *Me burlo de los días que sangran... Me habita el olvido para salvarme...*

Una poesía que en ocasiones discurre dócil, y en otras con un ritmo intenso y vehemente casi alucinante:

Eres tierra origen de mi sangre
en el quejido del atardecer.
Silenciosa
cuando la lluvia olvida
la silueta de los pájaros
y tiende en la raíz de tu mano
un concierto de visiones y palabras.

Para Germán Rizo la escritura justifica la existencia. Nos lo ha dicho así, creyéndolo: la poesía salva, la poesía como un fruto abierto, el lugar de las revelaciones, ese refugio de luz y fuego. Y el amor como el mayor de los milagros, como esa dádiva ofrecida que nos devuelve la esperanza. Juntémonos en ese goce único y perpetuo de la poesía que celebra la vida. En ella no hay muerte solo hay amor, porque en ella, polvo somos, sí, pero *polvo enamorado*.

Odalys Interián

Dedicatoria:

Gracias Odalys por formar parte
de este libro, por tu esfuerzo y trabajo
por seguir dando lo mejor de ti,
agradecido por tenerte en mi camino
y dedicar parte de tu tiempo
con este pequeño discípulo.

La lluvia es la sombra de anoche
tu cuerpo tierra y cielo
en su vestidura.

Aire escondido
en el vuelo de las gaviotas.

La lluvia es el ruido de siempre
navío de tu desnudez
vaivén
que divide el silencio
y palidecen los abismos.

En tu cuerpo
mi ofrenda es el fuego
que despierta la gloria
y la luna es el prodigio
que arrebata este intento
por repetir la muerte.

Derramas el silencio
ese vértigo de soles
donde el amor
inunda el letargo.

Acércate al gemido/
estamos dentro del fuego
desafiando el secreto de sus heridas
en ese vestíbulo que adornan las brazas.

Todas las velas palidecen
en esa ofrenda de tu cuerpo.
Tu sangre estalla quemándome
hasta confesar mis temores.

Llevo la profecía de tu enigma
en mi atardecer.

Amé la inadvertida hoguera
de tu noche
la caída de tu desnudez
los ojos entrelazados en un solo gesto
y amé la lluvia
las profundidades de tus venas.

Me asomé al dulce vientre
que alimentó mi dolor
al tiempo disfrazando la eternidad.

Amé el prodigio disipado
en la luz de tus llanuras
regocijo solar
cascada inevitable
donde agitados lienzos escapaban
hacia la repentina promesa.

Tierra dorada tu cuerpo
donde el deseo es un largo olvido.

El amor lo aprendimos a oscuras
y aprendimos a recorrer
el fervor hechizado
simulando despedidas
antes que la locura fuera vulnerable
a nuestro espejismo.

Y yo aprendí tu risa
ese velo de sombras
que se abría entre los arrecifes.
Aprendí la melodía
la locura de la llama que anidó
entre tus muslos.

En los campos fértiles de tu cuerpo
la ansiedad era un vértigo
a destiempo.

Río que arrastra la oscuridad
esa luna rondando tus voces
sobre tu cabeza
los girasoles decoran
la eternidad.

En tu bosque el corazón
es una llama
buscando otra noche
buscando
un sendero de palabras
colgadas en el verso.

Entrégate al resplandor
que madura los trigos
al incendio sagrado de la noche
y deja entreabierta la espiga
de tu desnudez.

Adivino tus huellas
en el ruego de la lluvia
la vela que divide tus latidos
en la caricia amarga y arrepentida.

Te siento en la ruta del deseo.
Crecida en el arpa y su homenaje.

Vamos en el duelo de la locura
en su timidez y vendimia/
hervor numeroso del sol
que funde el miedo
a lo angosto del silencio.

Cicatrices en mi sangre
fluyen por este cuerpo huérfano
deshojando el quejido cotidiano.

Archipiélagos de atardeceres
aletean absortos
envueltos en eslabones.
Constantes rostros temerosos
asoman los matices de la muerte
buscando el cáliz de la eternidad.

Me burlo de los días
que sangran este cuerpo
donde encuentro tus manos
esperando la noche.

Como flor en llagas el mar
se agolpa contra la batalla
de todos mis deseos.

Derrama en mí tu silencio
el diluvio venerable
donde el corazón insinué
otra sinfonía
donde el argumento de su cólera
acuse esta lejana voz.

Libra en mí
la fortaleza entristecida
víctima del deseo.

Derrámate
busca pedazos de mí en el humo.
Intenta despuntar las arpas
que celebran el latido
el inadvertido ángulo doliente
de mi sed.

Otra vez otoño
y cargo más que la muerte
sobre mi espalda.

No hay pañuelos
para secar tanta oscuridad/
mientras pronuncio una lágrima
las piedras ordenan esta monotonía
de pasiones indómitas.
Soy víctima de máscaras y zarpazos
de hojas feroces que se arremolinan
sobre mi cuerpo.

En esta incertidumbre
alguien destrenza las huellas/
mientras escucho como la lluvia
reclama su ritual/
mientras el aroma del jardín
envejece sobre mis huesos.

Mañana la ausencia se robará mi rostro.

Tú eres el drama
cuya voz inventa la noche
eres la última manía
sobre esta jungla de lágrimas
el último acto
que la serpiente juega.

Ahora soy huella en la sed
ave silenciosa
en la caducidad del tiempo.

Ahora somos
la incesante máscara
donde reconocemos
lo terrible que es despertar.

Olvido la penumbra
la noche/
las palabras se resisten
despiden los olvidos/
sobre ellas
ondean los cerezos.

Alguien apaga la luz
se enreda en el otoño
alguien enjuicia
esta tentación cautiva
y deslumbra entre soles
la arrogancia de las luciérnagas.

La calle borra tu nombre.

Hay un pedazo de lluvia
sobre las siluetas
un latido cayendo
hasta el llanto.

Estás ordenando la tempestad
bajo la intemperie de este abril
llegas sedienta de verano
sobre el cortejo de las olas.

En la comparsa de los pájaros
tiendes la red
que alumbran las cenizas.

Velo sombreando mi herida
tu gesto incendiando las antorchas/
impasible luciérnaga
abriendo las cuerdas del caos.

La lluvia es un murmullo
otra forma de amarte
es otra desnudez.

Sin palabras ando
vaciando el latido
en su temblor de hojas.

Tempestad
en la cordura de la luz
tejiendo espigas en el corazón
este amarnos
en el resplandor de la soledad.

Hija de la noche
sigue siendo
velo impune
vigilia infinita
donde ahogas tu figura.

Torre sosteniendo la agonía de la luz.

Alzas los espejos en tu ritual
descubres lo infeliz de los amantes.

Ancla en el lienzo adolorido
la oscuridad de esta lluvia
y siembra en mi penumbra
tu desnudez.

I

Voy en la tentación del silencio
y cada rincón envuelve
la tardía red/
una brecha de mareas
en su vaivén sonoro.
Voy en tu nudo de trazos
hilando otro resplandor.
Ciego en el zumbido de los ecos
que adelgazan
la ruta de los amantes.

II

Invocaré la luz
tus manos
ese amor navegable
en el gozo de tus ojos
la eterna promesa
aquella que el tiempo clamó
los retoños del cielo
testimonio del naufragio
donde deshoje tantos otoños.

Vas naciendo
en la grieta de mis versos/
en la fortuita medianoche perdida
simulas las vísperas de una revelación.

Y voy llenándote de antiguas lluvias
y soles que nunca volverán.

Y vas entre los escombros
que crecen en mi espalda
entre las cuerdas
que saltan repentinas.

Me roza el silencio del vértigo
la tarde dormida
entre tu corazón
y la complicidad de la noche.

Otra vez sosteniendo
el insomnio y el amor
la oscura primavera
amurallando la puerta.

No hay quien me despoje
de este espanto
quien pregunte a donde voy
quien me espere detrás del espejo.

He dejado mi sombra
cerca del cataclismo
como un náufrago sin clemencia
que rema contra los faros.

Y abro la boca de los peces
para sentirme olvidado/
trampa donde los huesos
se agolpan
en mi red tardía.

Siempre
en lo bendito del fuego
esperando la sed
que desnude nuestras voces.

Tan vacía la corriente
celebrando la carencia.
Las palabras desmienten
un testimonio errante/
esta revelación en ruinas.

Es la noche un lecho codiciable
vaivén de columnas
donde el clamor de las voces
desafían la penumbra.

Son mis sombras fragmentos de soledad
cifras anunciando ese pacto
en la procesión del invierno.

Silenciosa
divides los latidos
el agua donde cae la sed.

Vas despedazando
lo colorido del sol.
Arrojas palabras a la ansiedad
a esas redes que enlutan
el silencio.

Y zumbas
al tacto doliente
del amor.

Desolada
en la luz que levanta
la mísera tarde.

En mí

tu boca vencida.
En el azar
los ojos abatidos
anidan la luna en su exilio.

El invierno juega
con lo espeso de tu pelo/
el otoño acoge nuestros cuerpos.

Tardía sombra
reverdeces los dolores
mirando la penumbra
que ronda el corazón.

Vuelvo a ti
recinto de luz
que enciende
la humedad del corazón.

Vuelvo a la pureza de tus paisajes
donde las cuerdas sujetan espejismos
y la sed recorre la caída
de la lluvia.

Vuelvo a ti
a esa gloria de la noche
que baña tu desnudez.

Templo mío
escóndeme de la noche
y su negro laberinto.
Y sálvame sombra enjaulada
que atormentas mi vuelo.

Habito un rostro ajeno
adolorido
cada puerta es un eco
que abre mis venas.

Me habita el olvido
para salvarme.

Llevo las arpas como ruinas/
criaturas en el espejo
sedientas de retorno.

Mi voz retumba
como fulgor embestido.

Sombras sangrientas
imperan entre negras redes
hurgándome el insomnio.

Temible la noche
la congregación de sombras
que hurgan en la sangre.

Hay un refugio disfrazado
de tristeza.

El lienzo en su fatal ardor/
en su pánico de soledades.

Y tu boca
es el vértigo de los peces
poblándose de silencios.

El otoño vistiéndome
y tú en el sabor de la lluvia
las hojas emigrando
en el grito de tu piel.

Somos círculo
que brota en la sed del beso.
Triste tempestad embistiendo
los trigales.

Me cubre tu desnudez.

Voy cavando en la tentación
las estaciones que afloran
en tus senos.

Voy naciendo en tu piel
mis manos entran
en ese enigma salvaje de tus sílabas
sentencia que enviste mi sombra.

Toco tu vientre
desnuda como un río
así vas dentro de mi sangre
mi raíz temblando/
habitas el espacio que invoco.

Doradas hojas recorren el misterio
que aloja tu cuerpo.

Toco la cercanía de tu pezón
la fiebre endurecida
que corona lo fértil.

Riscos de capullos
se abren a ese copo de abismos
donde resplandece
mi huella salvaje.

El viento en su orgía
canta y tiembla en tu garganta
y la lluvia siembra
otro eco de colores.

Todo se disfraza de huellas/
estremece lo trágico
de las despedidas.

Bajo las antorchas
un lazo
la amarga espina
profanando las sombras.

Corazón náufrago
desbordado entre dos abismos.

Vuelves a ser lluvia
enredadera
llamándome
en su rito silencioso
hasta derramar
todas las palabras.

Sombra revestida de abanicos
me atas al polvo de la tarde
a la frondosidad de las arpas.

Vuelves a enterrar esa gota de luz
en lo virginal del silencio.

Mis ojos son luto y niebla
adornan la soledad
que se adelgaza en el grito
y la quietud de los pájaros.

Buscan el rastro de una sombra.
La sombra de mi madre
mendigando la penumbra
enmudecida en el pavor
que me desgarra.

Me refugia la llama del faro
en su aposento misterioso.

Sométete
al veneno de las palabras
y vuelve crecida contra la noche.

Sostente
en la euforia de la luz
y ve desgranando
un surco de soles en el cristal.

Escribe la agonía de la aurora/
cruz de fuego que sostiene las preguntas.

Acércate
floreciendo en el trastorno de la lluvia/
alumbra el espanto de mi sed
el delirio que enternece
lo codiciable y frágil
del corazón.

Llévame al santuario
de tu rostro
a esa eternidad de cruces.

Cúbreme de las llamas
que ciegan tu silencio
llévame a ese rito de luz y lluvias
que arden en tu boca.

Llévame al temporal de primaveras
que intrigan tu reposo.

Sombras que suenan
en los campanarios
como himnos de salvación.

La soledad es otra sombra
en tu rostro.

Busco en la intemperie de la noche
el milagro de tu voz.

Las palabras circulan
en la ausencia del papel
y dictan lo que callo.

Dejas en el espejo
y en la ventana
todo el luto.

Fábulas en su esplendor/
blancura ordenando el grito
que me arrastra.

Dame tu mano
y que brote la libertad
sobre el delirio de las palabras.

Llegas con el aroma del mediodía
tu cuerpo se abre tejiendo otra sed
otra fiesta estalla en el milagro
de tus senos.

Y voy en el temblor de tu vientre
inventando el sonido de las arpas
inventándome otra eternidad.

En esta oscuridad
demasiadas sombras me condenan.

Soy pájaro adolorido
carnada
otra muerte
escribiendo en el espejo
un mazo de miedos/
otro derrumbe.

Llegan nudos de torturas
silencio moribundo
donde ruedo abismado/
retoño de volcán/
gemido desgarrando
trozos en mí.

I

Sostengo la noche
un muro de linajes
donde danza la fe.
Lléname de abismos la voz/
siembra los signos que palpo.
Barca de lirios
mendigo el resplandor
de tu aroma
los escombros de humo
que se pierden en tu vestidura.

II

Aún sigo en lo abierto
de las heridas
palpando los rostros
en la pared.
Sigo recogiendo sombras
sediento de ceremonias
en la tristeza y el amor.

Tiende las palabras
tras este huérfano hastío
y acosa con tu anónimo ser
lo que escribe la tierra.

Estás en la cercanía del corazón
en las huellas del polvo
sosteniendo mi voz.

Todo cae en mí/
el espanto de tu boca
muerde el trigo que te puebla
y me sumerjo en tu piel
en la paciencia de tus latidos
buscando el aroma de tu rostro
extraviado.

Curo las llagas
que pudren
cualquier instante.
Sobre la lámpara
heridas con trajes de risas
vienen a sollozar.

La noche rueda
oprimiendo el despertar
de las miradas.

Lleno de heridas
de repeticiones y máscaras
en la multitud
acechando los cuervos
la misma lluvia de anoche.

Perturbado de sonidos
y ausencias
vago en el duelo de las sombras
mendigando
la ceremonia de tus besos.

Morir despojado de mi cuerpo
perdido en la maldición
de la serpiente
y sus palabras.

Morir en la emboscada de la luz
en el resplandor de su himno
rodeado de alguna súplica
que ampare nuestras huellas.

Morir
para llegar al silencio de Dios
a la deformidad de su esperanza.

Río soy
espejos en mi boca
hieren este himno
y su sentencia.

Pez sangrando las tinieblas.

Atuendo de amarguras
pactan mi carne.

Soy efímero
un pedazo de rayo
fluyendo en las cicatrices.

Me despoja la lluvia
el ruido que carcome
los frutos hilados
del hambre.

En tu jardín
hilando las cenizas
con ardor.

El tiempo mece los puentes
hasta devorar sus ruinas
dejando soledades
en el cortejo de tus manos.

Ampárame bajo tu cabellera
y ocúltame del fuego
y del frío.

El cielo bordará lo estéril
y entonces el mar
traerá tu sangre
como ofrenda reluciente
a mi despojo.

Patria
escombros en mi sangre
cercanos al cielo.

Palmeras danzantes
se enredan al oro de la tarde.

Los huertos resuenan en mis manos/
las calles que me esperan.

Patria
donde mi huella clama
su último beso
y la sombra de mi madre
cosecha armonías
en la frente de mi hermano.

Entre nosotros
el otoño
los días naciendo en tu voz
ese tiempo de alondras tímidas
ocultas en tu belleza.

En la lluvia
un sembradío de hojas
trayendo nostalgias.

Somos el despertar/
tibio cansancio/
savia disuelta
en la sed de los cuerpos.

Luces pronunciando
todo el caos del amor.

Son esos silencios
aflorando
en la voracidad de la lluvia
su ingravidez
el fuego invernal
apacienta el hambre
este amparo
donde busco el eco.

El enigma
como un relato que enloquece
las ofrendas.

Me doy al destierro
donde el soplo condena
la realidad
donde el miedo cuelga
su oscuro antifaz.

Vestir la escarcha
en esta tarde de gaviotas/
languidecer
perpetuo de pasiones.

Ser hoja y perderse
en el disfraz de la niebla.

Seguir contra los girones
que acallan la carne.

Fingir una sequía de sed
y ser escalofrío
hierro
pasión hilándose
en las venas.

Cuídate de la criatura
que impera
en lo rebelde de mis manos
sombra
enmudecida que hincha
la cima de tus senos.

Cuídate del minuto
que nace en el vaivén
de la confusión
y emigra hasta el vigor
de tus muslos.

Consagra esta sed
condenada en el temblor
de tu pelo.

Bebamos el ardor
sedientos de fuego
y palabras.

He olvidado el canto
de la luciérnaga
su palidez ardió en la rosa.

Sus gestos disuelven
el abandono/
tenue agonía en la cumbre
del sol
trae un trébol
de lámparas robustas
al altar de la noche.

Otra vez tú
repentina
vaciando el dolor.
El drama en la huella
hirviendo mi anochecer.

Otra vez
encendida a la espera del néctar
al zumbido colmado
de espirales
sembrando sombras
en mi nostalgia.

Tú
donde vierto la duda/
ceguera de doradas raíces.

Todo está en ti
enmudecen las puertas
donde brota la desteñida luz.

Arden las miradas
en la negación
y la muerte.

Una llamarada de espigas
llega implorando el júbilo
hasta desatar las miradas
que ruegan el retorno.

Todo en ti:
la penitencia/
un trastorno de ecos/
otro laberinto/
la lluvia cabalgando
sobre la perversidad
y el polvo.

Escribiré lluvia en la corriente
seremos esa gota
en la eternidad
su barbarie navegando
la proa en el horizonte
de las gaviotas.

Nada vaciará las palabras
y las antorchas doblaran
el lirio desangrado
del preludio.

Al filo de tu tacto
la llama del corazón
confundida
en su agonía
y soberbia.

Soy pez
en el hambre de la lluvia
espejo partido en las estaciones.

Todo el dolor habitándome/
la semilla sangrando
en su pozo de sal.

Las flautas abren
un sembradío de rostros
en la neblina.

Un rayo junta el vértigo
a la penumbra
este naufragar de la música
que fluye en el desamparo
y flagela con su crepitar.

Vuelvo al amparo
de tus alas
a la vejez
de esa calle luminosa.

Reino doliente
donde crece tu rostro/
ese bálsamo perpetuo
que dora tus cabellos/
esa nube de zafiros
que juega en tus ojos
y donde apacientas al hijo.

Impulsa mi sangre
en la penumbra anónima.
Ciega este llanto
y remueve los muros
que gimen en la gloria.

El mundo nace en tu jardín de risas.

Busco la cuerda
el codiciable invierno
despojado de la soledad.

Me disperso en los párpados
de la noche
en el festín tormentoso.

Voy al encuentro
que brota en los signos.

Las paredes me arrojan
al delirio de las sombras.

Ya no quedan palabras en el papel.

Átate y renace en las huellas
de un barco envejecido.

Ojalá el invierno no toque mi locura
y la noche sea huésped
en mi hoguera.

Me das tu amor
el vértigo de tu sangre
llenando el incendio
codiciable.

Tú desnudándote en el silencio
en lo piadoso de mi herida.

Curas lo rebelde de mis tormentas/
alumbras una multitud
de espacios vacíos.

Ardes en los signos que resucitan.

Tiende las palabras
que fueron mito
en la gentileza del poema.

Corona los llanos
en el techo del sol
y cose los cristales
que desgarran
el peso de la lluvia.

Cuanta deformidad
afilando las grietas.

En lo hondo de la sed
y la vigilia
las voces que serenan
mi juicio.

Nada detiene esa convulsión
de miradas
inventando un festín de vuelos/
aves borrando el mar
que visten los cerezos.

El dolor en su enjambre
ensordece lo domado
de la soledad.

Me sujeto al navío de ruegos
al triángulo que sustenta
los pájaros que crecen
en mi sangre.

Toco lo irreverente de la lámpara/
las espinas en el polvo
anuncian un derrumbe
donde cerco
esa hoguera de fábulas.

La noche en su avaricia
enciende otra vela.

Evoco un lejano rostro
los nardos
se refugian entre sílabas
y amapolas.

Solo estoy
y no tengo más que este vuelo
de presa perdida
de mar celebrando su aullido.

Me ahogo en la vastedad de espigas
arando la emboscada de los muros.
Se escapan los ecos
bajo este morir marchito de heridas
y ofrendas redentoras.

No hay palabras
solo retoños de arena.

La noche hunde su osadía/
todo se derrama
en esta hora viscosa
de abismos por mis venas.

Hay un vacío atravesando la carne/
una celebración de silencios
acompaña cada vela encendida
mientras mi dolencia suma
otro suicidio.

Como gota calcinada
bajo el candelabro
busco un pretexto para amar
ante la absurda manía de la lluvia.

Lienzo tallado
en lo trágico de las palabras.
Mis días se entrelazan
a un dolor ajeno
gritando todas mis muertes.

Tú haces de la noche
el último canto del eco
y escondes tu ardor
consumido en el diálogo.

Amor enciende la tierra/
inclínate
que tu rostro busque el sello
y la caducidad del corazón.

Amarnos es cegar las palabras
mientras la noche brota
y la salvación desnuda su simiente.

Amar a orillas de una sombra
envejeciendo pájaros en la lluvia
dibujando rostros en la fiesta del otoño.

Amar la luz
misterio gris
donde se purifican
lo solemne y el amor.

Amar lo armónico
el sacrificio atardecido
en este ardor de pulsaciones
y desamarrar las manías
que transforman la ciudad.

Desatar las campanas
meter la oscuridad
en el ardor de la vela.

Escribir
hay una línea de sátiras
una súplica madura raíces
en el corazón.

Pesa el silencio
sombreando
cristales en la lluvia.

Sobre tu iris
un tajo de sangre
ciega la aurora.

Tan solo sombras
cruzan
cómplices del polvo.

No hay nada
el pan traza dos sexos.

Ella
la orquídea rebelde
pantera delirante/
perfecto coro habitándome
la memoria.

Ella brota como un río
enjaulado en mi piel.

Aquí en mi boca
las raíces incendian
el deseo de tu piel/
tu desnudez humedece
el desierto de mi noche.

Abres tu carne
al péndulo de mi voz.

Y vuelvo a renacer
a curar antiguas tardes
a saber que el tiempo
es un pedazo de escombro
que naufraga en el corazón.

Una mujer
sostiene mi rostro
el barro que adelgaza
la voz.

Unge las llagas
de un hombre dormido.

Suave mujer
anclaje de lunas/
alguien trenza las ramas
en que han muerto las golondrinas
alguien se posa en el miedo del sol.

Nómbrame
interroga mis ojos
confunde este verso
que ondea en la soledad.
Llena el minuto
que ronda la pared
la figura corrompida
atada al espejo.

Es tu voz
silencio acorralado
enigma sobre la soledad.

Las cuerdas de tu vientre
censuran al hombre.

Guardas todo el aliento
que dicta la evidencia
del amor.

Y me cuelgo de ti
desgranando
la incertidumbre
el sol
su signo atravesado
en cada miserable página.

Un mar cayendo
el suplicio de las gaviotas/
la mentira deshojada
llevándose las palabras.

Aquí la penumbra hunde
la espesura y su obra funeral.

Ya no tengo más piel
ni repudios contra la locura
ahora me disuelvo en un rostro
que me reconoce
y de mi sangre brotan las espinas.

Regálame el anochecer
tus ojos
el único silencio
que en ti venero
dame el rincón intacto
hasta lo abierto de mi agonía.

Dame de tu vientre
el milagro
que ampare mi sequía.

En mis manos
el mar es un quejido
un zarpazo de tigre acorralado.

I

Busco tu amor
dentro de este papel
y limpio las lágrimas
que me regaló el ayer/
disfrazo otro adiós
bajo la insolencia de la lluvia.

Oscuro polvo rociado de escarcha
vas haciendo flama la corriente
que llena mi equilibrio.

II

Frente al espejo
el reloj es tu única salvación/
suspensos humedecen
este instante enjaulado.

Espinan las voces
que llueven contra los tallos/
las formas que pretenden
enlazar el abismo a mis huesos.

I

Porque nací de ti
lluvia
mendigando el amor
agrietas las palabras
que ruedan en la sangre.
Penitencia abrazando
las flores en el pozo.

II

Contemplo el frío
en el amanecer de los sauces
no puedo hablar
en mi voz se acumula
un cántaro
un trueno empuña la lluvia
el galope
de la llama sangrante.

Sobre este papel
un tajo
enmudece las palabras
y entre tonos suicidas
una cortina oscurece la pendiente.

Esta noche mis manos inventan
el vicio de la última ronda
y descubro la sombra que tizna
entre escombros el polvo del poema.

La ventisca encierra
otro naufragio de gaviotas.

Ser la muerte
el cáliz nupcial
la ironía que insiste
para arrancarme en retazos
lo implacable del anzuelo/
la nube rondando esta furia de soles.

Ser la muerte avergonzada
su libre comedia
el zarpazo anochecido
postergando las voces.

Si sus brazos fueran navío
hundiría mi rostro
en la tentación de sus palabras.

Tarde de otoño

Los hilos de la lluvia
pronuncian
otra campanada/
el agua oscurece
entre señuelos sangrientos.

Lluvia
cavando esta hiedra/
tierra
cocida en mi rostro.

Desfallece la muerte
los eslabones cercan cada gota/
despojan la pesadilla
la nervadura donde palpo
tu voz cristalizada.

Esta codicia
de cocer la tierra
y escupir el barro
hasta entibiar la leña.

Este rezo orquestal
salvando lo ilícito en la piel.
Estas fisuras endulzadas
estas ganas por desnudar la realidad.

La palabra desnuda
evoca lo incierto
la sátira sombreando
un espejo
un violín abandonado.

Desnúdate/
desliza tu linaje
hasta el milagro de la luz
y condena este respiro
insaciable.

Desencadenas el asombro
el miedo que anuncia la corriente.

Desnúdame en mi delirio
para tender la huella
en que florece mi carne.

Para amarte elijo la noche
un camino en tu boca
ese lento gemir.

Me envuelve la danza/
me lleva hacia otro refugio.
Voy en ti
vacío de palabras
glorificando la lluvia.

Para amarte
arrojo el poema a las cenizas
al polvo
que recorre el latido.

Ofrécete a mi cuerpo
a esta vibración
a la llamarada incierta
a este alarido de frases
que vierten un tiempo de luz.

Sombras convocando
un nuevo diluvio de amor
un despojo de símbolos.

Inmerso en las soledades
canto la rotura de nuevas palabras/
sobre la brizna
el rumor del invierno.

Hay soledades en la lluvia
silencios destejiendo lunas
en el barro.

Hay súplicas/
un estruendo de amor
la sangre enjaulada
haciendo signos en la oscuridad.

Hay un enjambre renacido
en lo siniestro
una promesa enfurecida
un rostro sitiado/
el arrebato infernal
hurgando en las miradas.

Me vuelvo cenizas
en tus ojos
trébol florecido
enigma de tu hoguera.

He derramado la piel
sobre los signos del invierno/
a orillas de tu rostro viaja
mi infancia.
Me parto en silencios
hasta rodar las huellas.

Vuelvo a ser trazo
quedándome
en la ausencia del espejo.

Espero en la pendiente
que cortes la memoria de los pájaros.

Sobre tu cuerpo
disfrazo lo desconocido/
siembras el temblor
que danza en mi sangre.

Aquí se queda tu amor
la llama del mediodía
un latir de palabras dispersando luces.

La letra inconclusa
evoca un semblante
buscando ignorar tus huellas.

El viento lleno de cólera
se convierte en oración.

Estás ordenando la tempestad
bajo este abril.
Una intemperie luminosa
golpea la rutina del espejo.

Llegas sedienta de verano
siguiendo el juego de la ola
y la comparsa de los pájaros
que transforman la lluvia.

Tiendes la red
seduciendo mis cenizas.

El velo sombreando la herida.

Tu gesto incendiando las antorchas/
tu pelo un linaje de liras
abriendo las cuerdas
que ceden al tacto
de las sombras.

Cúbreme
con esos nudos que afloran
como venas solitarias.

Deja que las violetas
retoñen en tu pelo
que las preguntas clamen
lo ardiente de tu leyenda/
y las flores aprisionen tu desnudez
la terrible marea
que tienta los lazos del azar.

Seguir entre esos ojos/
armadura de mis alas
cubriendo el asombro
que desatan las palomas
y asemeja un espanto
amanecido
en medio de la penumbra.

I

Sobre la noche
un vástago de gloria ondula
ese nudo de tu boca.
Una sinfonía de juicios
resuenan a tu lado.
Caemos en la armonía
en lo inmortal de la ola
desterrando el colorido eco
celebrando
un concierto de amor.

II

Detrás de la hoguera
el acto adorable
el desencuentro
la levadura en su semilla y oscuridad
ese lienzo de metáforas
en el ritmo de la lira.
Detrás de tu rostro el silencio
en su templo de soledades.

Me voy quedando
en tu atadura
y rompo la belleza
amurallada de los abismos.

Un pedazo de palabra
salvándome
el estallido jubiloso
del deseo.

Diluvias
esfera de cifras
hasta rozar la angustia
la sangre al borde de la balanza.

Incendio mostrando
la resurrección del cuerpo.

Caigo en ti
en lo desierto de la sed
en la alabanza atormentada
que rueda.
Tímpano y hebras
ceguera profanando
los soplos del verano.

Para nombrarte
disfrazo las palabras.

Sigo la llama que adorna
la oscuridad
su silueta
en lo irreparable de la agonía/
ligado al abismo
condeno las horas
la voz que alimenta
este milagro.

__A mi lado un derrumbe__
atraviesa la lluvia.
En los adornos de tu boca
comienza el recorrido.

Lindero de aves anuncian
el cortejo y la danza.

Visita la tormenta
que habita mis orígenes.

Vístete
raíz madura
perpetua de palabras
de ausencias
azotando la negrura del sol.

Cada vez
que tiendes escudos
junto al deseo hay una huella
una embestida persistiendo.

Un abismo hundiendo
la noche inconsolable
fragmentos de mi luz.

Roza la fiebre de mi sangre
tu borde de pulsaciones.

Toda la línea fracturada
donde invoco el milagro.

Podrías abrirte a la herida
fingir la soledad
penetrando mas allá
de los enigmas.

Pero la muerte podría ser
esta vigilia de buitre prófugo
otra irrealidad avarienta
de páramos y raíces desnudas
ardiendo en la ceguera de un cuervo.

Sobran sílabas/ espacios
para huir y volver al fondo
de las esquinas
y encontrar otras formas
de espejismos
que hierven
el secreto de la sangre.

Estoy sangrando palabras
En lo siniestro mi mano teje
otro rito/
disfrazo de versos
una multitud de amapolas.
Hurgo en la locura
su llama cegando nuestra ofrenda.

Me doy al cortejo de la lluvia
en su ventisca
a fingir
cuando las aguas desnudan
los mismos huesos.

La sensualidad del viento despierta
lo dócil de la luz
donde cuelgan pesadas tinieblas.
Un enigma de sucesos inadvertidos
asedian nuestro silencio.

Cautiva

escaldas el gemido
de las arpas
inventas otro eco
sobre olvidadas cicatrices
donde suceden
todos los milagros.
Acércate a los signos
que detienen la luz
a la verdad torcida
en el odio de las llamas.

Cautivo la sed
la súplica
donde el corazón
derrama la promesa
y descubro esa voz ausente
trayendo inquietas barcas.

Alfarero doblando este lienzo
antes que la noche conspire
en su oscurecido espejo
frente al dolor.

Un contraste de impulsos
vivifican el esplendor
de los cirios.

Ordenas las palabras
en el espejo tú
alumbras un invierno.

Estás en lo oculto del júbilo
bordando el vuelo del polen.

Sitiada en la cifra de fábulas
vences el espanto de las liras
y tu voz vacila
entre los rostros de las hojas
devorando la angustia
del viento.

Amor
en su lenguaje
desierto
solar
en su manía infinita.

Luz en la cordura
del reloj
linaje audaz
en su ceguera
tejiendo otro acorde
de leyendas.

Amor
hilando
otra claridad
esos pedazos de lluvia
en su abandono.

En las raíces de la vida
muerdo el despertar
la duda
tu imagen se eleva
en la voluntad de la flor
el viento sujeta los tejados
la lluvia tiembla
en su nube herida
triste llanto de niño.

Caigo dividido
cavando tu rostro
el silencio vuelve
a arrojarme a tu desnudez.
Racimo de vértigos
te adivino en esa semilla
que se abre.
Tu boca
nudo de ecos/
una calle que se enciende/
y la noche se estrella
en la ventana.

Manto gris
sobre mi garganta
luces que adelgazan
un latido
sobre mi rostro.

Y esos pájaros oscuros
que emigran de tus ojos
muros encadenándome
ecos en la ironía de las palabras.

Y este latir abierto del corazón
que opaca la lluvia
este sol dividiendo
el nacimiento de los peces
esta ruina de nervios
cortándome los silencios.

A dónde huir
si todo resuena en mi boca.

En tu cuerpo
un nuevo himno
estrena las semillas del otoño.

En ti otros soles
alimentan las hojas.

En tu cuerpo
el gozo de las mareas
evocan un temporal crecido
de luciérnagas.

En ti la osadía de la lluvia
talla otro collar de promesas
donde el sol renuncia a ser luz.

Luces de otoño
majestuosas sermonean
un semblante envuelto
en las hebras silenciosas.

Enjambre de silueta
que descienden al latido
despliegan el centelleo de hojas
que ruedan gloriosas
en su mesura y claridad.

Vagabundas luminosas
vacilan irrumpiendo
el quebranto que riega
la solemnidad de las gaviotas.

Oda al verdor de tus senos
tañe la soberbia
que desemboca en la rutina
y desvistes con vehemencia.

Amordazas el lecho derramado
en el paréntesis de tu vientre.

Asisto a la humedad
al placer que engendra la sangre
al goce libre del fruto
territorio milagroso
tu cuerpo vencido.

Navégame mar
resonando en mis venas.

He vuelto a ser polvo
donde los pájaros alumbran
la monotonía.
He vuelto a la multitud
vencida de abandono.

Amada
cuando las noches se fugan
el mundo siembra máscaras.

En mi reside un atardecer
huérfano de soles.

He vuelto al cauce que revolotea
en los castaños.
En lo desteñido de la soledad
en lo siniestro y la esperanza
las luces retornan.

I

Condéname
recinto siniestro
a ser
un centelleo
que lacera la claridad
y llévame
al ruedo lapidario
donde germinan mis huesos.

II

Ven a buscar tu sombra
en esta gota salada
donde las lluvias
bañan mi lamento.
En lo profundo del eco brota
una semilla.
La noche me sabe a mujer
es como abrir los ojos
y encontrar
la muerte en mi boca.

Escribo tu nombre

el rezo/ las ofrendas/
señuelo de sombras vivas
lo tibio del amparo/
la burla distante
donde las luces sobornan
y desvanecen la quietud.

Solo
volcado en un gemido
por la clemencia de una patria/
perversidad/ extravío/
címbalos en su ritual
que emergen repetidas veces.

Las formas del agua
navegan a mi costado/
rejas/ testimonios/
muros en el olvido y el amor/
nardos/ ecos/
brotes de oscuridades/
hileras de espejos vencidos
sobre el marchito trigal
de la belleza.

I

Escribes lo innumerable
de las arpas
desvelo disfrazado
en su diluvio.
El amor enmudece los cristales
como un lienzo dibujado
en las cifras del alma.
Del otro lado la llovizna
se apiada de las calles.

II

Una palabra no me deja vivir
fisuras vendan mis huesos
repiten su trazo
donde pudre la sed que soy.
Otro nudo oxida
una gota de polvo
el espejo busca volver al sepulcro
como péndulo
fingiendo otra caída.

Palabras huérfanas
sobre el poema
una sombra
buscando tu voz.

Ausencia
nombra el mástil torcido
en tu espalda
para alejar lo inmenso
del anochecer.

Sobre el último éxodo
husmea este paréntesis
una procesión.

Besa la muerte su veneno
gotas del sol
vencen antiguas torturas.
Rueda el mar
simulando su agonía.
Huellas desarreglan la arena
donde siembra la venganza
la tiranía del aire.

Llega otra muerte a este cuerpo
me envuelve en luto.
Centellea
y engendra otra serpiente.

Busca hundirse
en el egoísmo de las cuerdas
ajenas a la noche.

El espejo sepulta el vuelo de los pájaros.

Quiero vivir
el silencio es un intruso
que acumula mis ardores
y me llena la sangre.

Como sombra
que florece
espero los jirones
que dividen
este brote de ataduras.

Moribundo adivino
la pregunta salvadora
que atraviesa el fango
de la llovizna/
infeliz sigo
tejiendo el verso en la cabeza.

El sol es una campana
de mitos y ecos.

La soledad tiene las llaves
de todas las ausencias.

Esta noche
candelabros asisten
al extravió de los rostros.
Ni una sombra que entibie
el invierno
mis pasos caen
en la sequía del violín
abriendo campanas en su trampa.

No hay quien deshoje
este grano de sílabas.

Se fugan las huellas/
hojas en su aleteo deshojado.
La noche trenza su mal/
centinela es el polvo.

La primavera en la sed
de los pájaros
buscando nuevos amaneceres.

Quién escribe silencios
acaso la lluvia
y sus plegarias.

Afuera los cuervos repudian la fe
gotas de sal astillando las piedras.

De tu garganta la aguda luz
suspendida en las calles
sosteniendo un derrumbe.

El sol engalana voces
que se aferran contra las sombras.

Quiero ser la monotonía
con que los pájaros
enmudecen en el atardecer.

No recuerdo como era
la última vez que tomé
su mano
hervía como un tierno
dolor en llamas.
Un trozo de su boca
y súbitas soledades
son memorias incompletas
en las huellas de mi piel.

Vísteme de sombras
de esa sustancia
que carcome el invierno
y que el espejo arda
y que arda el otoño.

Incierta
fija tu voz
contra las heridas.

Y busca en mis restos
tu boca
lo perdido de las huellas
las ataduras
habitando el corazón.

Recinto infeliz
disfrazas los muros
donde estoy sacrificado.

Tu boca
huerto derramando soles.
Eres tierra
origen de mi sangre
en el quejido del atardecer.

Silenciosa
cuando la lluvia olvida
la silueta de los pájaros
y tiende en la raíz de tu mano
un concierto de visiones y palabras.

Entregas tu amor al ruedo
desnudando trazos de libertad
consumiendo el dolor
sin confesar el lamento
de una sombra.

Hay un espejismo doliéndome
puertas por todas partes/
olor a salitre detrás del corazón.

Cada mueca viste de olvido
mi último naufragio.
Huellas llorando en los espejos
rodean
este funeral del amor
hasta encontrar la luz
que engaña
un desfiladero
de horribles diálogos.

Verso y llaga

Las noches son holocaustos
agitando estas hojas
que mañana beberé.
La penitencia escondida
en cada palabra
enciende la ausencia.

En la vela gotean
las huellas de una sombra.

Y me doy a la locura
como esta lluvia leprosa
mecida en cada queja.

Somos ese manto
en el hervor de la entrega
ese naufragio a orillas
de la tentación
el tacto de la sangre
convulsa en lo vigoroso
de la llovizna.
En tu cuerpo he coronado
la noche
hasta rozar el mito
que te habita.

A través del cristal
nos desnuda la lluvia
y su huella cava rumores de hambre
que alimentan
húmedos tallos.

Otra vez la noche
se alza sobre tu vientre.

Un amanecer transcurre dentro de tus ojos
doliente guirnalda
disimulas ardores
coronando llamaradas del cáliz armonioso
y airados júbilos.

Y así nos despoja el viento
silenciando dos trazos
dos cuerpos entre las palabras.

He aquí relámpagos apresados
en los matices de tu cuello
y el tiempo en un grito
un trazo oscuro que se rompe
en la cumbre de tus besos.

Dame la sed de tus labios
el rencor torturado
siembra tu aliento
en la ciega luz.

Respira la angustia
de mi larga muerte
que vive atrapada
en la red de tus venas.

Tenía la lluvia en su rostro
una atardecida primavera.

Atravesaba su inocencia
un laberinto
una sedienta libertad
mecía arcángeles en su trono.

En su confesión se ahogaban
retazos de oraciones.

Ante la noche caían falsos
espejismos
cómplices metáforas
hostigaban
el sonido de las flautas.

Soy más que este rostro
sobre el agua
el principio anunciando
otro pálido sol
un valle
donde se agrupan retoños
de una manada.

Enciendo la oscuridad
las raíces que nadie silencia
el aroma ignorado en el papel.

Aún las sombras son mías/
reconozco las llamas que hieren
el llanto.

Silénciame y destaza esta muerte
su discurso extraviado.
Armonía nacida
sobre la ceguera de un pájaro.